AF313429

CATALOGUE

DE

TABLEAUX

ANCIENS & MODERNES

Parmi lesquels Soixante Tableaux

D'ORDRE RELIGIEUX

DONT LA VENTE AURA LIEU

PAR SUITE DE DÉCÈS

(Dernière vacation)

HOTEL DROUOT. SALLE N° 1
Le Samedi 30 Avril 1898

A DEUX HEURES

PAR LE MINISTÈRE DE

Mᵉ LÉON TUAL, *Commissaire-Priseur à Paris*

56, Rue de la Victoire, 56

ASSISTÉ DE

M. G. MEUSNIER, *Expert près les Tribunaux*

27, Rue Saint-Augustin 27,

EXPOSITION PUBLIQUE
Le Vendredi 29 Avril 1898

DE 2 HEURES A 5 HEURES 1/2

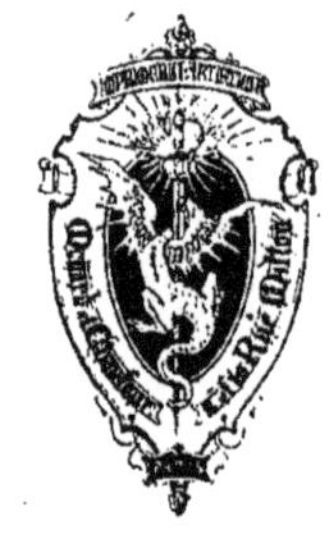

CONDITIONS DE LA VENTE

La vente sera faite *expressément* au comptant.

Les aquéreurs payeront en sus des adjudications *cinq pour cent*.

L'exposition mettant le public à même de se rendre compte de l'état des objets, il ne sera admis aucune réclamation une fois l'adjudication prononcée.

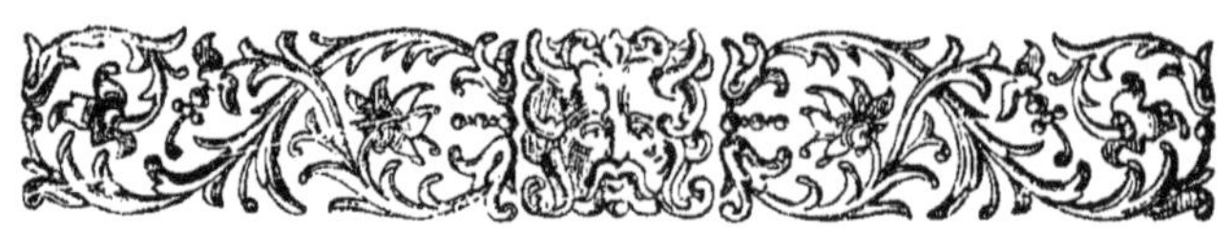

DÉSIGNATION

1 — BATTONI (P.). *Triomphe de Jésus-Christ.* Allégorie décorative.

2 — BOILLY (attribué à L.-L.) *Portrait du cardinal Fesch*

3 — CANALETTI (d'après A.). *Vue du grand canal à Venise.*

4 — CARRACCI (A.). *La Vierge, l'enfant Jésus et Saint Jean.*

5 — CARRACCI (école des). *Jésus, soutenu du Père et de l'Esprit-Saint triomphe du démon.*

6 — COURTOIS (J. dit le Bourguignon). *L'attaque.*

COYPEL (attribué à A.).

7 — *Baigneuse.*

8 — *Flore.*

9 — *Allégorie.*

10 — DESPORTES (école de F.). *Gibiers morts*

11 — DUGHET (dit Le Guaspre Poussin) *La Rivière.* Vue prise en Italie.

12 — VAN DYCK (d'après). *La Vierge-Mère.*

13 — FRANCK (d'après). *Joseph vendu par ses frères.*

14 — FÉTI. *Triomphe de la Croix.*

15 — HÉDA. *Nature morte.*

16 — HONTHORST (G). *L'Épreuve.*

17 — LAGRENÉE. *Diane.*

18 — LARGILLÈRE (d'après). *Portrait d'un maréchal de France.*

19 — MIRALÈS (attribué à). *Ermite en prière.*

20 — MURILLO (école de E). *Saint-François d'Assises.*

21 — VAN DER NEER (école de A). *Clair de lune*

22 — PANINI (école de). *Philosophes dissertant pormi les ruines d'un temple.*

23 — GUIDO-RENI. *La Madeleine.*

24 — SALVATOR-ROSA. *Ermites en prières.*

25 — SALVATOR-ROSA (manière de). *Combat de cavalerie.*

26 — SAUVAGE (attribué à). *Esquisse en grisaille.*

27 — D. SEGHERS (attribué à). *La Vierge.*

28 — STEEN (J). *Portrait de femme hollandaise.*

29 — TIÉPOLO (école de). *La reine de Saba.*

30 — VALDÈS-LEAL. *Le Supplicié.*

31 — VAN DER WEYDEN. *La Visitation.*

ECOLES DIVERSES

32 — ECOLE BOLONAISE. *Mater afflicta.*

33 — ECOLE ESPAGNOLE DU XVIIe SIÈCLE.
Parabole de Jésus :
« *Rendez à César, ce qui appartient à César... * »

ÉCOLE ESPAGNOLE.

34 — *Allégorie* :
« *Le Divin Enfant porte sa croix devant la Vierge-mère* ».

35 — *La Madeleine.*

36 — *Mater dolorosa.*

37 — *Un Apôtre.*

ÉCOLE FLAMANDE DU XVIIe SIÈCLE.

38 — *Allégorie* de la Vierge et de l'Esprit saint.

39 — *La Vierge et l'Enfant, entre deux apôtres*

ECOLE FLAMANDE.

40 — *Paysage animé.*

41 — *Un Ermite.*

42 — *Descente de Croix.*

43 — *La Vierge allaitant, entourée d'une guirlande de fleurs.*

44 — *La Présentation au temple.*

ECOLE FLORENTINE DU XVIᵉ SIÈCLE.

45 — *La Cène.*

ÉCOLE FRANÇAISE DU XVIIᵉ SIÈCLE.

46 — *Allégorie.*

47 — *La Vierge au rosaire et Saint Dominique.*

48 — *Moïse frappant le rocher.*

49 — *Portrait de femme.*

— 6 —

50 — *Portrait présumé de Mme de Grignan.*

ECOLE FRANÇAISE DU XVIIIᵉ SIÈCLE.

51 — *Concert champêtre.*

52 — *La Madeleine.*

53 — *Le Viaduc.*

54 — *La Leçon de dessin.*

55 — *Portrait d'homme.*

ECOLE FRANÇAISE.

56 — *Intérieur d'étable.*

57 — *Les Bourgeois de Calais.*

58 — *Portrait du roi Louis-Philippe.*

59 — *La Foi se révèle à Saint Martin.*

ECOLE HOLLANDAISE.

60 — *Paysage au bord de la mer.*

-- 7 --

ECOLES D'ITALIE DU XVIᵉ SIÈCLE.

61 — *L'Adoration des Mages*. Les deux person-
nages semblent être les donateurs.

62 — *Sâinte Famille*.

63 — *Vulcain forge les flèches de Cupidon*.

ECOLE ITALIENNE DU XVIIᵉ SIÈCLE.

64 — *Paysage montueux*.

ECOLE ITALIENNE.

65 — Sujet tiré du Nouveau Testament.

66 — *Paysage*.

67 — *La Visitation*.

68 — *Baptème de Saint Jean-Baptiste*.

69 — *Sommeil de Jésus*.

70 — *Sainte Famille*.

71 — « *Mon Dieu faites que ce calice s'éloigne de
moi..... »*

72 — *Saint Dominique.*

73 — *L'Adoration des Anges.*

74 — *Madeleine au désert.*

75 — *Sainte Madeleine*

76 — *La Fuite en Egypte.*

77 — *Saint Jean.*

78 — INCONNU. *Saint Mathieu.*

79 — Sous ce numéro, tableaux religieux et autres de diverses écoles.

Parmi lesquels : *Christ en Croix. Descente de Croix. L'évanouissement de la Vierge. Les quatre Evangélistes. La Nativité. Panneau sur fond d'or rehaussé de pierres de couleur. Martyre d'un Evêque. L'Assomption. La Vierge au Lys. La Passion.* etc... etc... (Ce lot sera divisé.)

TABLEAUX MODERNES

80 — ANGE (N). *Un grain, marine.*

81 — LOUIS B... *Baigneuse.*

82 — BARON. *Baigneuse.* (porcelaine)

83 — BERTIN (ALEXANDRE). *Dispute pour le butin.*

84 — BIARD. *Cérémonie Chinoise.*

VAN DEN BUSSCHE

85 — *Le Pape Pie IX se rendant à un couvent de religieuses.*

86 — *Etude de vieillard russe.*

87 — *Le Raccommodeur d'étoffes en Orient.*

88 — *Sortie d'un chef arabe.*

89 — BARROIS. *Baigneuse.*

CAILLAUD

90 — *Fraises et Pêches.*

91 — *Casque et Missel enluminé.*

CALVÈS

92 — *Le Vieux Breton.*

93 — *La Cour d'une vieille auberge.*

94 — CAMPASSO. *Le Modèle.*

95 — CANANZA. *Nature morte.*

96 — CARRACIOLO. *Sous un pont.*

CEDERSTROM

97 — *Un Evêque.*

98 — *Soldat de Suède.*

DE CETNER

99 — *La Religion.*

100 — *Pavillon Chinois.*

CLARY (Eugène)

101 — *Les Bords de la Seine.*

102 — *Joinville-le-Pont.*

102 bis — *Le Moulin de Veules-en-Caux.*

103 — COLOMBEL. *La Cuisinière.*

104 — COUTY (F). *Vue à Beslé* (**Cantal**).

CORCHON

105 — *Rêverie.*

106 — *Portrait d'une religieuse.*

107 — *Hernani.*

108 — *Tête de profil.*

109 — DIAQUÉ. *Réunion féministe.*

110 — DOMINGO. *Au Jardin.*

111 — DUCROCQ. *Les Prunes.*

112 — DURY (E). *Marine.*

113 — DUSAULCHOY (C.). *Un Poï Normand.*

114 — ALIX-ENAULT. *Jeune Italienne.*

115 — FARINGHEN. *Paysage.*

116 — FLANDRIN (?). *Souvenir d'Orient.*

117 — FOUGÈRE. *Guitariste.*

118 — GALLI. *Les Pêches.*

GARRIDO

119 — *Jeune femme.*

120 — *Saint-Marc.* Tableau ayant figuré au salon des Champs-Elysées.

121 — *Etude de jeune femme.*

122 — *Etude.*

123 — *Portrait de femme.*

J. GEOFFROY

124 — *Moine en prière.* Tableau ayant figuré au Salon Champs-Elysées.

125 — *La Tentation.*

126 — GOMOT. *Fleurs.*

127 — GOULIER. (ARMAND). *La Porte de la Villa.*

128 — GUILLON (ADOLPHE). *Paysage.*

129 — IZZO. *Paysage.*

130 — JOLY. *Tête de Jeune femme.*

131 — LIANDO. *Par la Neige.*

P. LIRA

132 — *Etude.*

133 — *L'Embuscade.*

134 — *Deux Anges.*

135 — *Caïn.*

136 — *Prométhée.*

137 — *Etude de Jeune femme nue.*

138 — *Etude de femme couchée.*

139 — LIRONCOURT. *Jeune femme.*

140 — LECURIEUX. *Le Mouton de Bébé.*

LOEWE-MARCHAND

141 — *L'enlèvement.*

142 — *Bélisaire.* (Exposition Universelle de 1889).

143 — *En promenade.*

144 — FELIPE MASO. *L'Estudiantina.*

145 — MATIFAS. *Sous bois.*

MENDEZ

146 — *Sous bois.*

147 — *Les Pêches.*

148 — MERINET. *Le Destin.*

DE NOTER (R.)

149 — *Intérieur de cour arabe.*

150 — Nature morte.

ORRÉGO

151 — *La Sorcière.*

152 — *Les Amateurs.*

153 — *Armures.*

154 — *L'Amateur de tableaux.*

155 — *La Lettre.*

156 — Même sujet.

OTÉRO

157 — *Le Retour du baptème.*

158 — *La Promenade.*

159 — *Une Fête chez le cardinal.*

160 — DE PAAL. *Paysage.*

161 — PARISI. Nature morte.

162 — PÉRÉDA. *Paysage.*

163 — PARRÉ (M.). *Clair de lune.*

164 — PASTELET. *Étude de fleurs.*

165 — J.-R. *Canal à Venise.*

166 — REISCHART. *Tête d'étude.*

167 — RICARDI. *Jeune femme en robe rouge.*

168 — RIGON (A.). *Assemblée dans un parc.*

169 — ROSALBIN. *La Balançoire.*

170 — LE ROUX (H.). *Le Martin-Pêcheur.*

171 — SARM (H.). *Fleurs des champs.*

172 — SAINTE-FOY-LAVERGEROLLE. *Deux petits portraits d'homme.*

173 — ARY SCHÆFFER. *Beau portrait d'homme.*

174 — SINET. *La Lettre.*

175 — SOUPLET (H.). *Daphnis et Chloé.*

176 — SIGNÉ ILLISIBLE. *Clair de lune.*

177 — THÉVENIN (V.). *Un Duel.*

178 — THOLER. Nature morte (Salon de 1882, mention honorable).

179 — THOLER. Nature morte. *Les Confitures de prunes.*

180 — THOLLOT. *Les Premiers pas.*

181 — TRAVERSARI. *La Reine d'Angleterre et l'une des princesses royales.*

182 — VIROCQ (C.-E.). *Oranges.*

183 — WILLENICH. *Paysage animé.*

XIDIAS

184 — *Italienne.*

185 — *Tête de vieillard.*

186 — ÉCOLE FRANÇAISE DE 1830. *Paysage.*
Coucher de soleil.

ÉCOLE MODERNE

187 — *A la porte d'une mosquée.*

188 — *Allégorie.*

189 — *Marine.*

190 — *Les Approches de l'orage.*

191 — *Paysage sous bois.*

192 — *L'Exercice près du Mont-Valérien.*

INCONNU

193 — *Paysage décoratif.*

194 — *Paysage.*

195 — *La Jeune femme à la toque.*

196 — *Scène de patinage.*

197 — *Intérieur d'église en Espagne.*

198 — *Paysage*.

199 — *Effet d'orage*.

200 — *Saint-Martin*.

Tableaux encadrés, toiles et panneaux peints qui seront vendus par lots.

www.ingramcontent.com/pod-product-compliance
Ingram Content Group UK Ltd.
Pitfield, Milton Keynes, MK11 3LW, UK
UKHW031707170726
13836UKWH00001B/88